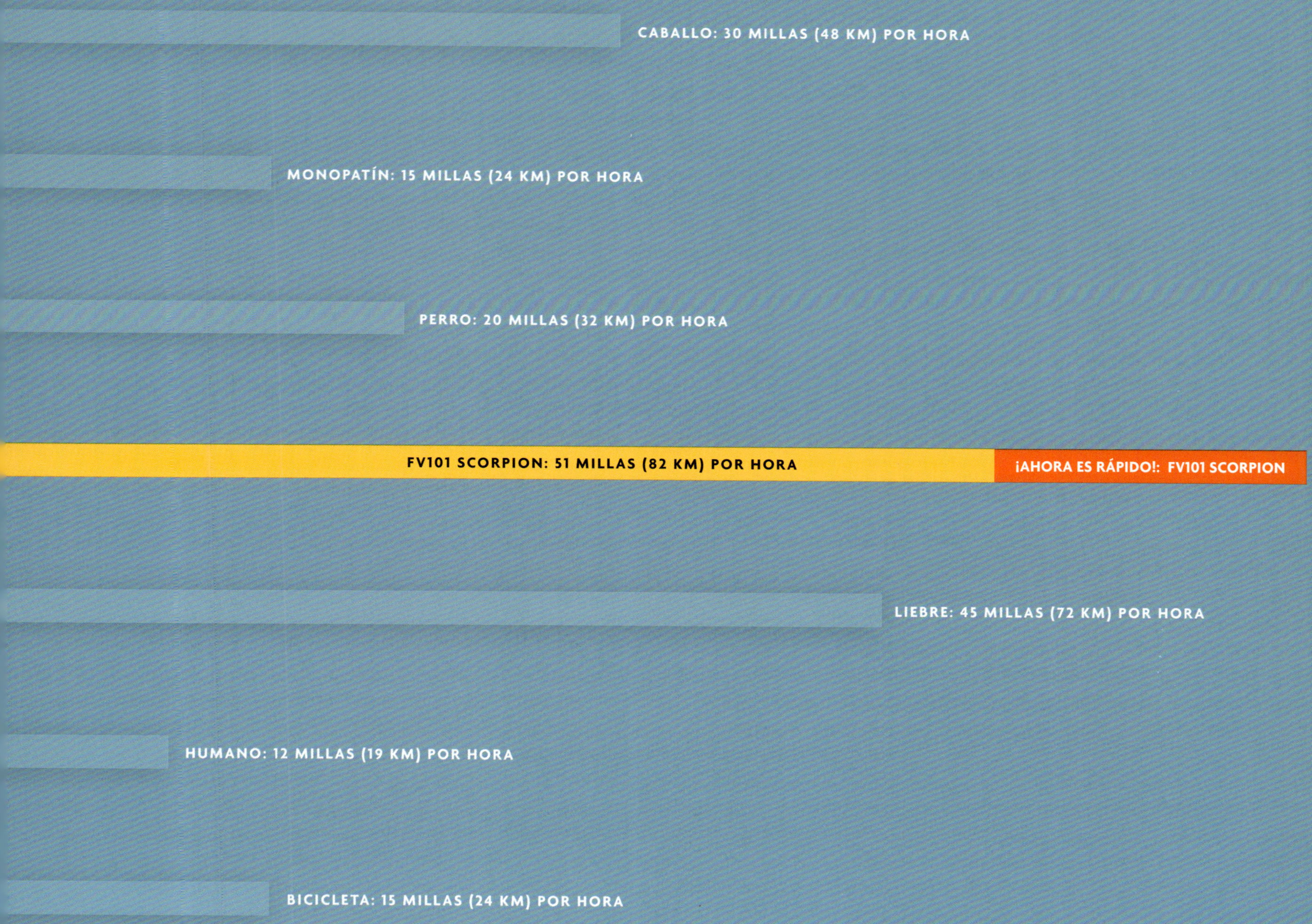
CABALLO: 30 MILLAS (48 KM) POR HORA
MONOPATÍN: 15 MILLAS (24 KM) POR HORA
PERRO: 20 MILLAS (32 KM) POR HORA
FV101 SCORPION: 51 MILLAS (82 KM) POR HORA
¡AHORA ES RÁPIDO!: FV101 SCORPION
LIEBRE: 45 MILLAS (72 KM) POR HORA
HUMANO: 12 MILLAS (19 KM) POR HORA
BICICLETA: 15 MILLAS (24 KM) POR HORA

¡AHORA **ES** RÁPIDO!

FV101 SCORPION

KATE RIGGS

CREATIVE EDUCATION

Publicado por Creative Education
P.O. Box 227, Mankato, Minnesota 56002
Creative Education es una marca
editorial de The Creative Company
www.thecreativecompany.us

Diseño de Blue Design;
producción de Dana Cheit
Dirección de arte de Rita Marshall
Impreso en los Estados Unidos de América
Traducción de TRAVOD, www.travod.com

Fotografías de Alamy (Stephen Barnes, Colin C. Hill), Paul Appleyard, Creative Commons Wikimedia (Irish Defense Forces), Flickr (Grant Stantiall)

Información del Catálogo de publicaciones de la Biblioteca del Congreso is available under PCN 2018931287.
ISBN 978-1-64026-085-6 (library binding)

9 8 7 6 5 4 3 2 1

Tabla de contenido

VEHÍCULOS MILITARES BLINDADOS

Los tanques son vehículos militares. Están **blindados** y cargan grandes cañones. La mayoría de los tanques se mueven a aproximadamente 25 millas (40,2 km) por hora. Algunos pueden ir más rápido por distancias cortas.

23

Los soldados del ejército usan tanques. El FV101 Scorpion se construyó para ser liviano. El ejército británico quería un tanque liviano y rápido. El Scorpion tiene el récord de tanque de producción más rápido.

O R U G A S   Y   T O R R E T A S

Los tanques como el Scorpion se mueven sobre orugas. Estas son placas de metal que están unidas. Giran alrededor de las ruedas. En la parte superior del cuerpo del tanque se encuentra la **torreta**. Es como la cabeza. Se puede mover. El cañón principal sale de la torreta.

79070
AS0730587
CL 34
51900

TRIPULACIÓN DE TRES PERSONAS

Tres personas trabajan dentro del Scorpion. Son el conductor, el artillero y el comandante. El conductor lleva el tanque sobre terrenos irregulares o caminos lisos. El artillero dispara el arma principal. El comandante está a cargo.

SCORPION EN ACCIÓN

Los planes para el Scorpion comenzaron en la década de 1960. Se construyeron más de 3.000 Scorpions. El ejército británico comenzó a usarlos en la década de 1970. **Desactivó** el Scorpion en 1994.

Otros países todavía utilizan Scorpions actualmente. Grandes barcos o aeronaves llevan Scorpions por todo el mundo. Los tanques son lo suficientemente livianos, como para ser trasladados por estos vehículos.

Un Scorpion puede sumergirse en el agua. Un kit de flotación le permite hacer un cruce por el agua. Las orugas del Scorpion lo mueven por el agua. Sin embargo, no se puede mover muy rápido.

02 FD S6

En tierra, un Scorpion puede acelerar hasta 30 millas (48.3 km) por hora en 16 segundos. Su velocidad lo ayuda a mantenerse a salvo bajo ataque.

RODANDO SOBRE TERRENOS IRREGULARES

Los tanques ruedan sobre terrenos irregulares. Toman velocidad. Los matorrales del exterior empañan la visión. ¡La tripulación de los tanques FV101 Scorpion está lista para la próxima misión!

DESARMANDO EL FV101 SCORPION

Datos rápidos

El motor del Scorpion está en el frente del vehículo. Esto ayuda a mantener a la tripulación segura, en caso de un choque.

El cañón principal del Scorpion es un L23 de 76 mm. Puede disparar 45 ráfagas.

La mayor parte del blindaje del Scorpion está hecha de aluminio liviano.

El FV101 pesa solo 17.800 libras (8.074 kg): ¡liviano para un tanque!

Glosario

blindado: cubierto con una capa de metal resistente para defenderse de los ataques

desactivado: puesto fuera de servicio

motor: la máquina dentro de un vehículo que lo mueve

torreta: en un tanque, el lugar bajo y plano donde se encuentra el cañón principal

Índice